Couvertures supérieure et inférieure
en couleur

LE PASTEUR

RABAUT-POMIER

MEMBRE DE LA CONVENTION NATIONALE

(1744-1820)

PAR

ARMAND LODS

DOCTEUR EN DROIT

PARIS

LIBRAIRIE FISCHBACHER

(SOCIÉTÉ ANONYME)

33, RUE DE SEINE, 33

—

1893

1401. — L.-Imprimeries réunies B, rue Mignon 2. — May et Motteroz, directeurs

LE PASTEUR

RABAUT-POMIER

MEMBRE DE LA CONVENTION NATIONALE

(1744-1820)

PAR

ARMAND LODS

DOCTEUR EN DROIT

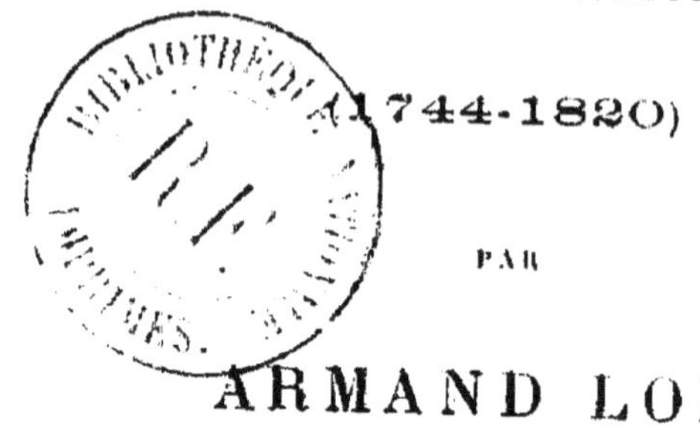

PARIS

LIBRAIRIE FISCHBACHER

(SOCIÉTÉ ANONYME)

33, RUE DE SEINE, 33

—

1893

— Tiré à cent cinquante exemplaires —

RABAUT-POMIER

(1744 — 1820)

D'APRÈS DES DOCUMENTS INÉDITS

Rabaut-Pomier mérite une place d'honneur parmi les derniers pasteurs du Désert. Son nom brillerait d'un plus vif éclat s'il n'avait été éclipsé par celui de son illustre frère, Rabaut de Saint-Étienne.

I

Né à Nimes le 24 octobre 1744, Jacques-Antoine Rabaut, dit Pomier, commença ses études à Lausanne sous la direction d'Antoine Court et de son fils Court de Gébelin et les termina à Genève[1]. Nous savons par une lettre de son père qu'il précha pour la première fois à Nimes le vendredi saint 20 avril 1764. Son succès fut très grand, « il fut même plus félicité que ne l'avait été Saint-Étienne quand il débuta[2] ».

Après sa consécration il fut, en mai 1770, placé à la tête de l'Eglise de Marseille dont Gal-Pomaret avait commencé la reconstitution dès 1767[3].

Rabaut-Pomier desservit pendant deux années cette paroisse naissante, et passa ensuite dans celle de Montpellier[4]. Ses relations avec la famille de Necker lui permirent de fonder dans cette ville un hôpital important.

Pendant son ministère dans le Midi, il se livra à ses moments perdus à l'étude des sciences médicales et nous pouvons affirmer qu'il fut le véritable inventeur de la vaccine.

1. Consultez : Charles Dardier, *Rabaut Saint-Etienne, sa première enfance et son éducation* (Revue chrétienne, 10 février 1886, pages 116 et suivantes); — E. Arnaud, *Jeunesse des trois fils de Paul Rabaut* (Bulletin, XXVIII (1879), p. 481-529 et suivantes). — Charles Dardier, *Paul Rabaut, Ses lettres à Antoine Court.*

2. Lettre de Paul Rabaut à Court de Gébelin, du 25 avril 1764. Consultez : Charles Dardier, *Paul Rabaut ; Ses lettres à divers*, t. I, p. 387.

3. Charles Dardier, *Paul Rabaut ; Ses lettres à divers*, t. II, p. 87-124.

4. *Ibid.*, t. II, p. 260.

Les documents que nous avons recueillis prouvent jusqu'à l'évidence que les Anglais se bornèrent à mettre en pratique les observations du pasteur de Montpellier[1].

Les paysans du Languedoc avaient été frappés de l'analogie qui existe entre la petite vérole et la maladie éruptive dont sont atteints certains animaux domestiques. Dans ses tournées pastorales, Rabaut interrogea les habitants de la campagne. Il constata que cette éruption n'offrait aucun danger pour les vaches, et que les bergers qui les soignaient, échappaient complètement à la petite vérole, ou, s'ils en étaient atteints, n'avaient qu'une affection bénigne.

Il communiqua ses observations à des médecins français, leur suggérant l'idée de procéder à l'inoculation du virus qu'il était facile de recueillir sur le pis des vaches. Ces praticiens se gardèrent bien de tenter un essai.

En 1784, plusieurs familles anglaises passèrent, comme de coutume, l'hiver à Montpellier. Rabaut se lia avec James Ireland, un des notables habitants de Bristol, et par lui fit la connaissance du médecin anglais, le docteur Pugh. Les conversations roulèrent tout naturellement sur la petite vérole, et Rabaut réussit à convaincre son interlocuteur. Celui-ci promit que, dès son retour à Londres, il ferait part à ses confrères de cette idée ingénieuse et tenterait des expériences.

Les graves événements qui transformèrent subitement la situation politique de la France ne permirent pas à Rabaut d'entretenir régulièrement une correspondance avec le docteur Pugh. Il avait perdu tout espoir de voir aboutir sa découverte quand, en 1798 — c'est-à-dire *quatorze ans plus tard,* — il eut connaissance du mémoire publié par Jenner sur la vaccine. L'illustre savant expliquait la mise en pratique des expériences déjà anciennes du pasteur de Montpellier, mais il se gardait bien de faire allusion à l'ini-

1. Dès 1827, dans sa thèse de doctorat, mon grand-père, M. Lubert, affirmait que « l'idée mère et première de la vaccine appartient à un Français et que la reconnaissance de l'univers doit bénir ensemble le nom de Rabaut Pomier, uni à celui de Jenner. » Voyez Paul-Auguste Lubert, *Considérations sur l'efficacité de la vaccine* (Strasbourg, 1827), p. 4. Comparez, *Annales de la médecine physiologique,* t. II, p. 103.

tiative du Français qui devrait partager avec lui l'honneur
d'une des plus grandes et des plus efficaces découvertes des
temps modernes. C'est grâce à l'initiative de Rabaut que
l'humanité a été mise presque complètement à l'abri d'une
maladie affreuse, qui marque de cicatrices indélébiles ceux
qu'elle ne mène pas à la mort.

Mal secondé par le gouvernement, Rabaut tint cependant
à démontrer qu'il avait eu le premier l'idée de pratiquer la
vaccine et que, dès 1784, un médecin anglais avait connu ses
expériences et ses observations. Il écrivit à James Ireland
et, dans la lettre suivante, il obtint la confirmation absolue
de ces faits :

A Bristol, le 12 de février 1811.

Monsieur[1],

Les conversations que vous avez eu avec D' Pugh le médicin
je me rappelle — ce que vous avez affirmais dans cette conversation, par rapport, en enoculant aux hommes la petite vérole des
vache qui l'ont le plus bénigne, d'adoucir la petite vérole chez les
hommes étoit possible — et vous ditte que vous avez été conduit à
cet apperçu par la pensée où l'on étoit en Languedoc que les vaches
ont cette maladie comme les hommes et qu'on lui a donné dans le
patois du pays pour les uns et pour les autres le nom de Picote. Je
le confirme.

Ce que vous avez constaté à docteur Pugh (l'an 1784 à Montpellier) a été éprové ici avant l'an 1784 dont vous parlé. — Les filles
qui ont soigné les vacheries ici pendant qu'elles ont eu leur vérole et
que ces filles ont été infecté — avec le temps, on a apperçu que ces
filles n'ont jamais eu la petite vérole.

Mais, Monsieur cela a été confirmé par l'indéfaticable recherche
de monsieur Jenner à qui le government à lui déserna une gratifi-
cation de £ 500.000. D' Pugh est mort depuis six ans passés.
Grâce à Dieu, mes deux filles se porte bien, mais leur chère mère
cette aimable personne est mort. Je suis d'un attachement bien
sincère, Votre très humble serviteur,   JAMES IRELAND.

Le comité central de la vaccine ne tint pas un compte

---

1. Collection Coquerel, *Documents sur Rabaut-Pomier*, t. XXX, pièce 44.
Cette lettre autographe est confirmée par une seconde en date du 25 mai
1814 (*Ibid.*, pièce 46). Nous respectons le style et l'orthographe de M. Ireland.

assez grand de l'initiative du pasteur; il se borna, dans son rapport de 1810, à insérer cette note :

« M. Rabaut-Pomier, pasteur du culte protestant, nous a communiqué des détails qui, quoique étrangers à l'année 1810, doivent cependant trouver place dans ce rapport. Les fonctions de son ministère l'ayant fixé en 1784 à Montpellier, il eut occasion de voir des vaches atteintes d'une éruption que les gens du pays appellent picotte et que M. Rabaut trouve analogue à la petite vérole. M. Rabaut communiqua à M. Pugh, médecin anglais qui était en 1784 à Montpellier, en présence de M. Ireland de Bristol, l'idée de la possibilité d'inoculer à l'homme la matière éruptive des vaches. Cette conversation n'eut alors aucune suite; mais de retour à Bristol, M. Ireland a mandé à M. Rabaut que ce qu'il avait imaginé en 1784 avait, avant cette époque, été observé dans les environs de Bristol et que les filles qui soignaient les vaches, et qui contractaient leur maladie éruptive, n'avaient pas la petite vérole[1].

Il est probable que si, au lieu d'appartenir au « culte protestant », Rabaut-Pomier avait été catholique, on aurait revendiqué plus énergiquement, en faveur de la France, *l'idée de l'inoculation*, qui appartient certainement au pasteur de Montpellier. Il y a toujours eu, d'ailleurs, et il y a encore, en France, une sorte de religion médicale officielle qui s'efforce d'exclure avec soin, de l'enseignement et de la pratique publique, des méthodes de guérir depuis longtemps admises, enseignées et pratiquées à l'étranger. Voici, à l'appui et à titre de curiosité instructive, une lettre d'un médecin adressée à un ministre de Louis XIV en 1696, et dont certaines réflexions sont encore de saison en 1893 :

> Monseigneur,
> La faculté de médecine de Paris, jalouse de ce qu'il se trouve dans la ville plus de cent médecins qui ont des lumières plus pénétrantes et des remèdes plus efficaces pour les maux, qu'ils ont découverts par leur expérience, a fait des efforts pour obtenir de Sa Majesté un second édit pour obliger tous ces docteurs à se mettre sur les bancs durant deux ans comme des escholiers, quoy qu'il aye trente et quarante ans, qu'ils exercent leur profession avec succès, dont je suis

---

1. Rapport du Comité central de vaccine sur les vaccinations pratiquées en France pendant l'année 1810.

du nombre. Ce dessein n'est autre que de pouvoir tirer cinq à dix mille livres de chacun, ce qui est contre la raison. Il s'agit dans cette affaire du salut de l'estat, et de ne pas priver le public d'un secours favorable dans les maladies. Il s'agit de tous les seigneurs et de la conservation de S. M. si nécessaire sur la terre pour le culte de la divinité, et pour le maintien de la religion ; car on sçait bien que 'epuis trois siècles nos roys et les princes du sang se sont servis de médecins des autres universités du royaume à cause de leur capacité, d'autant que la Faculté de Paris ne s'applique nullement à la connoissance des simples, des métaux ny minéraux dans lesquels on trouve les secrets de la nature, tant pour la conservation de la vie, que pour guérir les maux dont les hommes sont travaillés, ce que la Faculté de Paris n'a encore trouvé, ains au contraire se sert de remèdes dangereux qu'on ne doit pas mettre en usage.

Permettez, Monseigneur, de m'écouter et vous dire que je suis docteur en médecine dès l'année 1655, ayant fait mes études à Paris auparavant et obtenu de S. M. le brevet de son conseiller et médecin ordinaire en 1656, auquel temps je m'en allai à Amiens, lieu de ma naissance, où j'ay trouvé, en 1668 et 1669, le secret de guérir la peste par un sudorific, et un préservatif pour conserver ceux qui n'en estoient pas attaqués....

...J'espère Monseigneur que vous me ferez la grâce de m'entendre puisque mes secrets ne peuvent vous être que favorables en conservant votre illustre personne pour laquelle j'apporteroy tous mes soings sans interest et estant entièrement Monseigneur, Votre très humble, très obeissant et très affectionné serviteur : DE DOURLOUS. A Paris ce 7 May 1696. Rue du Coq, quartier Saint-Honoré[1].

Malgré les réticences de James Ireland, qui ont été trop facilement accueillies par un comité de médecins français, Rabaut doit avoir une large part dans la gloire que cette grande et belle découverte a procurée au savant Anglais.

II

Rabaut-Pomier était encore pasteur à Montpellier quand éclata la Révolution[2] ; partisan convaincu des idées nouvelles il exerça une influence véritable au club de cette ville, où il prit souvent la parole.

Sa popularité était grande puisqu'en 1790 il fut élu membre de la municipalité.

Son frère Rabaut de Saint-Étienne, qui siégeait à l'Assemblée nationale, en le tenant au courant des événements, en lui dévoilant les intrigues qui se nouaient à Versailles et à Paris, lui inspira le goût de la politique.

Aux élections pour la Convention nationale, Pomier fut élu par le département du Gard, tandis que Saint-Étienne était choisi par les électeurs de l'Aube.

Le pasteur de Montpellier joua dans cette grande assemblée un rôle assez effacé, aborda très rarement la tribune et ne prit part à aucune des grandes discussions.

Dans le procès du roi, après avoir affirmé que la Convention n'était pas compétente pour prononcer un jugement, il déclara Louis XVI coupable du crime de lèse-nation et de conspiration contre la sûreté de l'État, tout en soutenant que l'arrêt une fois rendu devait être soumis à la ratification du peuple réuni dans ses assemblées primaires[1].

Se séparant de son frère, qui vota la détention, Rabaut-Pomier opina pour la mort, mais avec la condition expresse qu'il serait sursis à l'exécution. Il s'exprima formellement en ce sens le 16 janvier : « Je déclare, dit-il, que je crois que Louis mérite la mort; mais que l'intérêt politique ne la demande pas. Si cependant vous la prononcez et quel que soit votre jugement, je crois que l'exécution doit en être renvoyée après que les décrets constitutionnels que vous avez déjà faits auront été présentés à la ratification des assemblées primaires, et *mon opinion est indivisible*[2]. »

La Convention tint compte de ces réserves, puisqu'elle ne

« raison de me plaindre, si je vois les grands. Je les vois aussi peu que
« je le puis, pour le besoin, non autrement. J'aime mieux les petits, d'ail-
« leurs notre état nous met à une distance énorme des premiers. Il n'est
« pas agréable de hanter qui peut vous faire pendre. » (*Lettre inédite*
communiquée à M. Charles Read par M. le pasteur Gal-Ladevèze.)

1. Voyez : Séance de la Convention du 15 janvier 1793.

2. Voir *Réimpression de l'ancien Moniteur*, édition 1854, t. XV, p. 223. Comparez, Séance de la Convention du 19 janvier, *id.*, t. XV, p. 254.

fit pas figurer Pomier parmi les régicides. Nous verrons que le gouvernement de Louis XVIII se montra moins scrupuleux en frappant arbitrairement cet ancien conventionnel et en lui faisant expier par l'exil une faute qu'il n'avait point commise.

Au 31 mai, la majorité de la Convention, par un véritable coup d'État, prononça l'exclusion du parti modéré et décréta l'arrestation des principaux membres de la Gironde. Rabaut-Pomier ne put tolérer un pareil abus de pouvoir; avec soixante-treize de ses collègues « il dénonça à la république tout entière les scènes odieuses dont ils avaient été les témoins et les victimes[1] ».

Cet acte d'indépendance et de courage ne pouvait convenir aux jacobins; sur leur demande, la Convention décrétait, le 3 octobre 1793, l'arrestation immédiate dans une maison d'arrêt, des signataires des protestations des 6 et 19 juin[2].

Rabaut-Pomier parvint à se soustraire pendant quelque temps aux recherches de la police; avec son frère Saint-Etienne, qui depuis le 28 juillet était mis hors la loi, il fut accueilli par la famille Paisac[3]. Fabre d'Églantine dénonça leur cachette au comité de sûreté générale; ils furent arrêtés le 5 décembre et tandis que Rabaut Saint-Etienne était le jour même envoyé à l'échafaud sur la simple constatation de son identité, Pomier était enfermé à la Conciergerie.

Oublié dans les prisons, il dut sa liberté à la réaction thermidorienne et reprit sa place à la Convention le 18 frimaire an III (8 décembre 1794).

Avant de se séparer, l'Assemblée le désigna pour faire partie du Conseil des Anciens; il en devint le secrétaire sous la présidence de Portalis.

Las d'assister à tant de crimes commis au nom de la liberté, Rabaut-Pomier fut partisan du 18 Brumaire. Bonaparte le récompensa de son zèle en le nommant, d'abord

---

1. Voir *Ibid.*, t. XXII, p. 385.

2. Acte d'accusation contre plusieurs membres de la Convention nationale, par André Amar, le 3 octobre 1793, p. 34.

3. Voyez : Wallon, *Histoire du Tribunal révolutionnaire*, tome IV, pages 321 et suivantes.

à Paris, chef de bureau à la trésorerie générale, puis en lui confiant peu de temps après la sous-préfecture du Vigan.

Il était encore dans l'administration quand l'arrêté du 12 frimaire an XI (3 décembre 1802) réorganisa l'Église réformée de Paris et lui accorda trois pasteurs. Après avoir choisi Marron pour la première place [1], le consistoire songea au fils du patriarche du Désert. Il ne fut pas difficile de convaincre Pomier. Les luttes auxquelles il avait été mêlé lui avaient montré de quelle hauteur le ministère pastoral dépasse les compromissions et les misères de la politique.

Le 24 février 1803, Rabaut-Pomier reprenait sa robe et inaugurait à Paris une nouvelle carrière pastorale. D'après M. Charles Coquerel, son biographe, la charité et la bienfaisance étaient les traits dominants de son caractère. « Il était toujours aux ordres des pauvres, accompagnant ses aumônes de ces douces paroles qui en doublent le prix [2]. »

L'étude de l'histoire avait toujours eu pour lui beaucoup d'attrait. Il était parvenu à réunir de nombreux documents manuscrits et imprimés et se proposait de retracer l'état du protestantisme à la veille de la Révolution et d'étudier sa réorganisation par les articles organiques du Concordat.

Cet ouvrage eût été pour nous un monument précieux puisqu'il aurait eu pour auteur un témoin des événements. Si l'œuvre n'a point vu le jour, nous possédons du moins la collection des matériaux qui auraient servi à l'édifier. Ils sont précieusement conservés dans notre bibliothèque de la rue des Saints-Pères.

Il est toujours pénible d'entendre un ministre de l'Évangile aborder en chaire les sujets brûlants de la politique. Il suffit aujourd'hui de citer les titres des discours prononcés par le pasteur Marron pour démontrer les variations de ses idées. Rabaut-Pomier ne sut, ni échapper à cette fâcheuse tendance, ni éviter cet écueil. Tandis qu'au mois d'août 1810 il prononçait un éloge dithyrambique de Napoléon [3], quelques années

1. Consultez *Bulletin*, tome XXXVIII (1889), p. 472.
2. Notice biographique sur M. Rabaut-Pomier (*Nouvel Annuaire protestant pour 1821*, p. 299 et suivantes).
3. *Napoléon libérateur.-Discours religieux prononcé dans le temple de*

plus tard, le 22 mai 1814, il saluait le retour de Louis XVIII[1],
ne reculant même pas devant une sorte d'apologie des *alliés*
qui arrivaient à Paris « le front ceint du laurier de la victoire

Rabaut-Pomier, d'après une lithographie du temps.
24 octobre 1744 — 16 mars 1820.

et de l'olive de la paix... pour procurer à la France, qu'ils
savent distinguer de celui qui la domine, une liberté établie

Saint-Louis, rue Saint-Thomas du Louvre, le 15 août 1810, jour de l'anni-
versaire de la naissance de S. M. l'empereur et roi, Paris, 1810, in-8°
(Bibliothèque nationale, Lb⁴⁴, 527).

1. *Sermon d'actions de grâces sur le retour de Louis XVIII dans la*
capitale de ses états, prononcé à Paris dans le temple de l'Oratoire le
22 mai 1814. Paris, 1814, in-8° (B. N., Lb⁴⁵, 613).

sur le respect de tous les droits, sur un gouvernement sagement balancé et qu'elle se donnera elle-même[1] ».

Les faits se chargèrent, hélas! de démentir ces prophéties et ces rêves. Le pieux pasteur allait devenir une des premières victimes de cette Restauration en faveur de laquelle il avait prononcé son *Sermon d'actions de grâces*.

III

En montant une seconde fois sur le trône, Louis XVIII, dans une déclaration datée de Cambrai, promettait pardon et oubli pour tous les faits politiques accomplis pendant les

[1]. Il faut ajouter que ce service avait été ordonné par deux circulaires du ministre de l'intérieur aux préfets. L'une, de mai 1814, se terminait ainsi : « La liberté de conscience, ce domaine de Dieu, est respectée; les ministres « des cultes seront également protégés par leur père commun, leurs « demandes également pesées dans la balance de sa justice. Vous n'aurez « plus à prier Dieu d'apaiser sa colère; vos prières, vos chants ne seront « désormais que des hymnes de reconnaissance. En lui adressant des « actions de grâces pour l'heureux retour de Sa Majesté en France, pour « son heureux avénement au trône de ses pères, invitez les fidèles soumis « à votre direction à lui demander principalement de seconder, d'accomplir « l'unique désir du Roi, celui de rendre tous ses enfants, tous les Français « heureux. » Dans l'autre, du 15 juin 1814, le ministre annonçait la conclusion de la paix et ajoutait: « Des jours de calme, de sérénité, d'espérance « et de bonheur vont luire désormais sur la France et succéder à des jours « orageux : que grâces en soient rendues à l'Eternel et au digne instrument « de sa miséricorde. Empressez-vous, Monsieur le Président, d'annoncer « ce bienfait de la Providence aux fidèles de votre communion. Rassem- « blez-les dans vos temples pour y faire en commun et selon vos rites les « prières consacrées dans d'aussi douces et d'aussi heureuses circons- « tances. » — Plusieurs pasteurs firent imprimer les discours prononcés à cette occasion, signalons les suivants : *Service d'actions de grâces, célébré par le Consistoire de l'Église réformée de Paris au temple de la rue Saint-Honoré, le dimanche 21 avril 1814, pour le rétablissement du trône des Bourbons en France.* Discours de Marron. Paris, in-8°, 1814. — *Sermon d'actions de grâces pour la paix, et de commémoration de la mort de Louis XVI, prononcé à Paris dans le temple de l'Oratoire, le 26 juin 1814,* par Jean Monod, l'un des pasteurs de l'Église Réformée de Paris. Paris, 1814, in-8°, 39 pages. — *Sermon d'actions de grâces sur le retour des Bourbons et sur la paix prononcée à Nismes,* par M. H. F. Juillerat-Chasseur, l'un des pasteurs de l'Église chrétienne Réformée de cette ville le 15 mai 1814. In-8°, 16 pages. — *Sermon sur la mort de Louis XVI prononcé dans l'Église Réformée de Lyon le 31 juillet 1814,* par M. Daniel-Auguste-Emmanuel Touchon, ministre du Saint-Évangile et pasteur de cette Église. Lyon, in-8°, 32 pages. — B. P.

Cent-Jours. Seuls les auteurs et les instigateurs du retour de Napoléon seraient recherchés et punis.

Le roi était de bonne foi lorsqu'il signait cet engagement; il tentait ainsi de réconcilier entre eux tous les Français. Malheureusement, son entourage n'approuvait pas ces bienveillantes dispositions. Les partisans de l'ancien régime, aigris par de longues années d'exil, poursuivaient un double but : détruire tout entière l'œuvre de la Révolution, exercer de solennelles vengeances contre tous ceux qui avaient contribué au renversement de la royauté.

Louis XVIII eut la faiblesse de céder aux sollicitations de ce parti rétrograde. Dès le 24 juillet 1815 une ordonnance renvoyait devant les conseils de guerre dix-neuf généraux et soumettait trente-huit personnes à la surveillance de la haute police.

Cependant la *chambre introuvable* n'était point encore satisfaite de ces premières mesures; sur la demande de M. de Labourdonnaie elle prit en considération, le 11 novembre 1815, une proposition tendant à proscrire toute une catégorie de citoyens et au premier rang : « les régicides qui avaient accepté des places de l'usurpateur, siégé dans les deux Chambres ou signé l'Acte additionnel. »

Le ministère vit avec mécontentement cette agitation parlementaire et s'efforça de faire échouer une aussi maladroite campagne en déposant un projet de loi d'amnistie et en demandant le bannissement des membres de la famille Bonaparte.

La commission chargée de l'examen de ce projet y apporta de nombreux amendements; elle ne put se résoudre à innocenter les complices du retour de l'île d'Elbe et les régicides signataires de l'Acte additionnel.

La discussion s'ouvrit le deux janvier et se prolongea pendant plusieurs séances. Parlant au nom du roi, Richelieu, premier ministre, combattit la disposition qui visait les régicides. « Ce n'est pas sur la terre, disait-il, qu'il faut chercher les raisons qui décident le roi à refuser de les expulser à jamais du royaume, c'est dans la volonté du roi martyr, qui sera consolé dans sa tombe par le pardon que vous accorderez en son nom. Cette clémence est au-dessus de toutes les volontés humaines, elle est commandée par ce Dieu qui en a donné tant d'exemples. » Cet appel à la charité chrétienne ne toucha pas le cœur des partisans du trône et de l'autel, ils se montrèrent plus royalistes que le roi et votèrent la loi du 12 janvier 1816 avec cet article 7 frappant les régicides :

« Ceux des régicides qui, au mépris d'une clémence presque
« sans bornes, ont volé pour l'Acte additionnel ou accepté des fonc-
« tions ou emplois de l'usurpateur, et qui, par là, se sont déclarés
« ennemis irréconciliables de la France et du gouvernement légitime,
« sont exclus à perpétuité du royaume, et sont tenus d'en sortir dans
« le délai d'un mois, sous la peine portée par l'article 33 du code
« civil ; ils ne pourront y jouir d'aucun droit civil, y posséder aucun
« bien, titre, ni pensions à eux concédés à titre gratuit. »

Cette loi fut aussitôt mise à exécution ; elle satisfaisait trop les haines de certains royalistes pour qu'ils n'en surveillassent pas la stricte application.

Le ministère de l'intérieur donna l'ordre à chaque préfet de lui adresser une notice détaillée sur les conventionnels de son département. Ce fut une chasse organisée contre tous ceux qui étaient soupçonnés d'avoir voté la mort de Louis XVI.

Mais que devait-on entendre par cette expression *régicide* ? La question n'était pas aussi simple qu'elle pouvait paraître tout d'abord, et pour la résoudre il était indispensable de rechercher de quelle manière avaient été comptées les voix pour le calcul de la majorité.

Voici, d'après le Bulletin officiel des séances de la Convention, le résumé de ce scrutin[1] :

L'Assemblée se composait de.........		749 membres.
Absents par commission.........	15	
Absents par maladie...........	7	
Absent sans cause.............	1	28 —
Non votants.................	5	
Total des votants..........		721 membres.

---

1. *Bulletin des séances de la Convention*, n° 1322. Consultez *Documents sur Rabaut-Pomier*. Collection Coquerel, t. XXX, pièces 50 et 51.

La majorité absolue étant de 361 voix, les votes se sont répartis de la manière suivante :

Pour la mort sans condition...................... 361 voix.
Pour la mort, mais en demandant une discussion sur le point de savoir s'il ne conviendrait pas à l'intérêt public qu'elle fût ou non différée, *tout en déclarant que ce vote était indépendant de cette demande*..... 26 —

       Total pour la mort.................... 387 voix.

Pour les fers................................... 2 voix.
Pour la détention, le bannissement à la paix, la réclusion, ou la mort conditionnelle si le territoire était envahi................................... 286 —
Pour la mort avec sursis, soit après l'expulsion des Bourbons, soit à la paix, soit à la ratification de la Constitution.................................. 46 —

       Total contre l'exécution................ 334 voix.

En jetant les yeux sur ce tableau il est facile de voir que les votes conditionnels ne furent point comptés pour déterminer la majorité favorable à la peine capitale. Il était donc juste de ne point ranger parmi les régicides ceux à qui la Convention elle-même n'avait pas décerné ce titre.

Boissy d'Anglas avait assisté à ces débats; il se souvenait des particularités du scrutin, et dans le but de protéger ses anciens amis il adressa le 12 janvier, au duc de Richelieu, un mémoire dans lequel il démontra que les quarante-six conventionnels qui avaient ajouté à leur vote une condition ne pouvaient pas tomber sous le coup de la loi d'amnistie.

Les passions étaient trop vives pour que la voix de la saine raison eût chance d'être écoutée. Les bureaux du ministère décidèrent que tous ceux qui avaient prononcé le mot de *mort*, même si leur vote n'avait point été compté, seraient bannis à perpétuité du royaume.

Rabaut-Pomier figurait au nombre des quarante-six et comme pasteur de Paris il avait donné son adhésion à l'Acte additionnel des constitutions de l'Empire[1]. Il fut donc mis au nombre des régicides, en vertu d'une jurisprudence qui, méconnaissant la réalité des faits, voulait satisfaire les sentiments de vengeance des fanatiques du droit divin.

Le vénérable pasteur sollicita une audience du comte Decazes, ministre de la police générale, et résuma sa véritable situation dans une lettre datée du 25 janvier 1816 :

A son excellence Monseigneur Decazes, ministre de la police générale.

Monseigneur[2],

Je prends la liberté de demander à Votre Excellence un moment d'audience sur les votes que j'ai émis relativement au procès de Louis XVI. J'ai l'honneur de mettre provisoirement sous vos yeux quelques observations sur cet objet. Mais je désirerais obtenir de Votre Excellence un moment d'audience qui puisse éclairer sa justice et fixer sur le prononcé à intervenir une incertitude que je ne puis cependant pas avoir, s'il est établi sur la teneur des procès-verbaux qui prouvent que j'ai voté pour *l'appel au peuple, que mon vote sur la peine a compté contre la mort, et que j'ai voté le sursis.* Ces trois votes avaient pour but l'appel au peuple, le seul moyen de sauver le roi de France qui fût au pouvoir de la minorité.

Je suis avec un profond respect, etc.

RABAUT POMIER,
16, rue de Grammont.

L'audience fut accordée, des démarches furent tentées et par le consistoire[3] et par les deux collègues de Rabaut, les pasteurs Marron et Jean Monod.

Le premier s'exprimait en ces termes :

1. Un décret des 22-24 avril 1815 appelait les Français à consigner leur vote sur des registres ouverts « aux secrétariats de toutes les administrations, de toutes les municipalités, aux greffes de tous les tribunaux, chez tous les juges de paix, chez tous les notaires ». Le recensement des votes eut lieu au Champ de Mai et d'après M. Henri Houssaye, dans son récent ouvrage sur *1815*, l'Acte additionnel fut accepté par 1,532,527 votants et repoussé par 4,802 voix seulement. Cette faible minorité s'explique par le mode adopté pour cette consultation qui n'était point secrète.

2. Archives nationales, F7, 6715, Dossier Rabaut-Pomier. — Le comte Decazes fut ministre de la police générale du 24 septembre 1815 au 29 décembre 1818.

3. Voyez Registre du Consistoire, Archives de l'Oratoire.

Paris le 1er février 1816.

A Monseigneur le Comte Decazes[1].

Je me suis itérativement présenté sans succès à votre audience les dernières fois, c'était surtout pour intéresser votre justice et votre humanité en faveur de M. Rabaut, mon collègue, qui ne devait pas s'attendre à pouvoir être compris dans la proscription des régicides. Je laisse sous ce pli, Monseigneur, une note de lui même et une de notre digne collègue, M. Monod, par lesquelles nous voudrions détourner, si possible, un coup fatal. Je les livre, Monseigneur, à la méditation de Votre Excellence, et je serais bien tranquille s'il n'y avait qu'elle pour juger le cas.

Du moins, Monseigneur, ne serait-il pas possible d'obtenir un sursis? M. Rabaut, à raison de son âge même et de l'extinction de ses moyens physiques, avait annoncé antérieurement à cette imprévoyable crise, sa démission volontaire à l'Église de Paris, auprès de laquelle il exerce son ministère.

Je suis avec respect, etc.   MARRON.

Le pasteur Jean Monod abordait surtout la question juridique et par un raisonnement très serré il démontrait qu'en frappant Rabaut le gouvernement violerait la loi que les Chambres venaient de voter. Voici sa note :

Monsieur Rabaut Pomier peut-il être compté parmi les régicides [2] ?

Cette question est résolue pour tous ceux qui le connoissent, par la conviction morale qu'il ne peut jamais avoir rien eu de commun, ni dans les opinions, ni dans les sentiments, avec les auteurs du plus horrible des attentats. Mais il faut quelque chose de plus.

Les journaux du temps et le procès-verbal des séances de la Convention prouvent que M. Rabaut a mis en usage tous les moyens qu'il a pu croire propres à sauver Louis XVI. Après avoir soutenu avec force, mais sans succès, que la Convention ne pouvait pas le juger, il a voté l'appel au peuple parce que, comme De Sèze l'a rappelé dernièrement, le peuple français n'aurait pas permis ce crime.

Devenu juge malgré lui, il a voté la mort, mais avec renvoi de l'exécution jusqu'après la Constitution, parce qu'il crut avec plusieurs

1. Archives nationales, F7, 6715.
2. Archives nationales, F7, 6715.

des conventionnels honnêtes que c'était le plus sûr moyen de sauver le roi. Ce moyen était prêt de réussir lorsque 26 de ceux qui avaient voté une semblable condition eurent la lâcheté de la retirer. Mais 46 persistèrent au milieu des menaces dont ils étaient accablés et leurs votes furent comptés dans les 334 qui s'étaient opposés à la mort.

Enfin ce moyen de salut étant perdu, M. Rabaut en chercha un troisième en votant pour le sursis de l'exécution. Il est donc évident que ceux qui voulaient la mort du roi sont ceux qui l'ont votée sans condition ; que ceux qui ont rétracté leur condition y ont coopéré trop efficacement ; mais que ceux que, ni les séductions, ni les menaces n'ont pu entraîner à cette lâcheté n'ont pu être conduits que par le désir et l'espérance d'empêcher le crime.

Ils ont été jugés ainsi par les régicides et dénoncés par Chabot au club des Jacobins.

Compterait-on à présent comme régicides des hommes que la Convention elle-même, intéressée à grossir la faible majorité qu'elle avait obtenue, n'a pas osé regarder comme tels ?

Les régicides sont ceux qui ont voulu la mort du roi et qui y ont concouru par leur vote ; M. Rabaut ne l'a été, ni de volonté, ni de fait.

Rappelons une circonstance qui n'est pas sans intérêt : lorsqu'il fut question d'appeler M. Rabaut à l'Église de Paris, on opposa dans le consistoire son vote pour la mort du roi. La question fut examinée, discutée, et l'on convint unanimement que ce vote ne pouvait laisser sur lui aucun blâme dans l'esprit de toute personne équitable.

Il a eu le malheur, disons-le franchement, le tort de signer l'Acte additionnel. Mais c'est qu'il a dû le faire comme électeur et qu'il a cru encore, par une de ces illusions des âmes honnêtes, qu'une assemblée bien choisie, si l'on s'était réuni partout pour la former ainsi, était le moyen le plus désirable et le plus sûr de sauver la France et de lui rendre promptement son roi légitime.

IV

Malgré ces démarches, en dépit du bon droit, le ministre répondit que l'ancien conventionnel tombait sous l'application de l'article 7 de la loi de janvier 1816.

Rabaut-Pomier dut prendre le chemin de l'exil ; il quitta Paris le 17 mars 1816, et, après avoir séjourné pendant quelques mois à Bruxelles, il se fixa à Clèves.

Quand la réaction blanche fut un peu apaisée, Boissy d'Anglas se remit en campagne. Nous avons eu la bonne fortune de retrouver la lettre éloquente et digne qu'il adressa en 1818 au comte de Decazes en faveur de notre coreligionnaire :

Paris, le 16 janvier 1818.

Monsieur le comte[1],

L'accueil que Votre Excellence a bien voulu faire aux diverses réclamations que je lui ai adressées en dernier lieu m'engage à la supplier de vouloir bien honorer de son intérêt celle du même genre que je viens lui présenter aujourd'hui, au nom de M. Rabaut Pomier éloigné de sa patrie par une fausse application de la loi contre les régicides.

Ce vieillard plus que septuagénaire, pauvre et malade, s'était retiré d'abord dans les États du roi de Prusse les plus voisins de la France, il y avait été bien accueilli, mais on l'a forcé bientôt après de changer plusieurs fois d'asile et on l'a menacé en dernier lieu de l'envoyer dans la Prusse septentrionale, où la rigueur du climat serait bientôt mortelle pour son âge et dont le voyage exigerait des frais au dessus de ses faibles moyens ; il a obtenu toutefois un sursis à l'exécution de ces ordres, mais ce n'est que d'une manière provisoire qu'il est toléré dans les lieux où il se trouve, et l'incertitude de son sort pour l'avenir ajoute encore à tous les maux qui naissent de sa proscription, de sa vieillesse et de sa pauvreté.

Il était avant la Révolution et depuis ministre du culte protestant et il a constamment obtenu par la pureté de sa morale évangélique, ses vertus personnelles et ses lumières une grande considération parmi ceux qui professent la même religion que lui ; tous verraient son rappel en France avec autant de reconnaissance que de satisfaction, et Votre Excellence jugera bientôt que rien ne serait plus juste. Il est le fils de *Paul Rabaut*, dont la mémoire sera toujours vénérée par ceux même qui, sans professer les mêmes opinions religieuses, savent avec quelle patience, avec quelle fidélité au gouvernement royal, avec quelle soumission aux lois injustes d'alors, il a supporté les persécutions auxquelles il a été en butte pendant la plus grande partie des soixante années qu'ont duré ses fonctions ecclésiastiques. Enfin il était le frère du malheureux *Rabaut Saint-Étienne* qui a péri sur l'échafaud pendant la terreur de 1793, et à qui

1. Lettre au comte Decazes, Archives nationales, F7, 6715.

la Convention n'avait jamais pardonné de lui avoir dit, dans un discours contraire à la mort du roi, *qu'il était las de la portion de tyrannie qu'elle le forçait d'exercer.*

Rabaut Pomier, pour lequel j'ai l'honneur de vous écrire, fut lui-même emprisonné avec son frère et pendant que son père, malgré ses 86 ans, l'était à Nîmes, qu'un autre frère l'était à Villeneuve-de-Berg ; tous attendaient depuis quatorze mois le moment fatal où ils monteraient sur l'échafaud, où les avait précédé Rabaut Saint-Étienne, lorsque le neuf thermidor vint rendre à la France une portion de la liberté et lui faire espérer de meilleurs jours.

Depuis lors, monsieur le comte, M. Rabaut Pomier, soit dans la Convention où il rentra, soit dans les assemblées législatives qui lui succédèrent, soit comme pasteur de l'Église Réformée de Paris, soit comme particulier a fait honorer la modération de ses opinions, la sagesse de ses discours civils et religieux, la pureté de ses principes de morale et de politique, et a obtenu la considération et l'estime des hommes justes de tous les partis.

Cependant il est proscrit comme régicide ; permettez-moi de vous le dire, il n'a pas mérité cette condamnation et si le gouvernement n'eût pas été dans l'erreur à son égard il n'eût pas été frappé par elle.

Il a prononcé, je dois l'avouer, le mot affreux de mort ; et il a été inexcusable de s'être servi d'une expression aussi criminelle ; mais Votre Excellence est trop juste pour ne pas reconnaître que ce n'est pas dans les termes dont on a pu se servir dans cette horrible affaire qu'est le crime qu'on doit expier, mais dans le résultat du vote. Elle voudra bien remarquer dans le cas particulier dont il s'agit ici : 1° Que Rabaut Pomier avait voté l'appel au peuple, seul moyen qu'il eût de sauver le roi, soit en renvoyant son jugement à des temps éloignés, soit en lui assurant des formes protectrices, soit en invoquant la majorité du peuple qui ne pouvait vouloir la condamnation, en même temps que cette disposition l'arrachait à la puissance de la commune de Paris et de ses sicaires, pour le mettre sous la protection de la nation tout entière par l'appel porté devant elle.

2° Que lorsque la fatale condamnation eut été portée il vota pour le sursis indéfini, seule ressource qui restât encore, pour rendre cette condamnation sans effet.

3° Qu'il n'entendait point prononcer un jugement ni y participer, mais appliquer une mesure politique et de sûreté générale, et qu'il s'en fit donner acte par la Convention, ainsi que l'atteste son procès-verbal, Tome V, p. 287.

4° Enfin qu'il environna son vote de conditions rejetées, en déclarant qu'elles en *étaient inséparables*, ce qui forçait la Convention de compter ce vote *contre la mort*, à moins qu'elle n'adoptât ces conditions, ce qui par leur contexture aurait établi l'appel au peuple, et conséquemment aurait fait prévaloir la disposition la plus favorable au roi. Mais la Convention repoussa elle-même Rabaut-Pomier de la classe des régicides en comptant son vote parmi ceux qui votèrent contre la mort : ainsi, quelles qu'eussent été ses expressions, elle le mit incontestablement hors de la catégorie de ceux condamnés depuis comme régicides.

Sans doute il ne fut point régicide dans la véritable et littérale acception de ce mot, il ne le fut point dans son intention ni dans ses actes. Sa voix compta comme vous l'avez vu parmi celles contraires à la mort, à laquelle il ne contribua point ; par ses intentions, non seulement il vota pour l'appel au peuple, non seulement il vota pour le sursis, non seulement il prononça sur la peine un vote dont le résultat ne pouvait qu'être favorable, mais encore il expliqua ses opinions dans une sorte de discours qu'il prononça en répondant à l'appel *nominal et dont je joins ici une copie* fidèlement extraite du *Moniteur*. Ce discours, M. le comte, ne laisse aucun doute sur l'intention de M. Rabaut, on y voit clairement qu'il ne tendait, en prononçant le mot de mort et en l'environnant de conditions inséparables, qu'à revenir sur le décret qui avait rejeté l'appel au peuple. Peut-être espérait-il en mettant à cette demande l'expression que nous ne pouvons approuver, flatter la majorité, supérieure de si peu de voix, de l'espoir que la mort prévaudrait enfin et lui enlever ainsi quelques suffrages ; je ne le sais pas, mais ce que je sais, c'est que quand même sans rien faire de contraire au salut du roi, il n'aurait fait que sacrifier à la peur, il mériterait qu'on l'excusât ; on n'ignore pas de quels affreux périls étaient environnés ceux qui ne votaient pas pour la mort d'une manière pure et simple, les contemporains peuvent l'attester et quoique l'histoire ne l'ait retracé que d'une manière imparfaite, elle en a dit assez pour ne laisser aucun doute sur ce point véritablement capital.

Enfin, monsieur le comte, j'ajouterai à tout ce que je viens de vous dire pour M. Rabaut une observation qui est applicable non seulement à lui, mais encore à tous ceux qui sont dans la même catégorie. Ce qui doit frapper Votre Excellence, c'est qu'il n'est jamais arrivé que des hommes bannis injustement de leur patrie se

soient conduits avec autant de modération et de dignité que ceux-ci.
Il n'y en a aucun parmi eux qui n'ait senti qu'il devait rester Français hors de France, même quand on lui enlevait le droit d'en faire partie. Ils ne se sont point soulevés contre l'autorité qui les proscrivait, ils n'ont point cherché à diriger l'opinion contre elle et à s'en faire un appui. Ils ont souffert en silence, et quand on les a persécutés ils se sont tus. M. Rabaut en particulier a paru n'oublier jamais la conduite de son vénérable père, qui lorsqu'on proscrivait sa tête s'écriait qu'il fallait bénir la main qui frappait et attendre avec soumission le jour inévitable de la justice.

C'est cette justice que je réclame pour lui; elle est dans le cœur du roi, elle est dans le vôtre et il est impossible qu'elle soit vainement provoquée.

Agréez, M. le comte, l'expression de la très haute considération et de l'attachement dont je fais profession pour Votre Excellence,

Le Cte BOISSY D'ANGLAS.

P.-S. — Dans l'extrait du *Moniteur* que je joins ici, Votre Excellence remarquera peut-être des expressions et un style qui n'ont pas la décence convenable, mais elle voudra bien se reporter au temps où le Discours que je cite était prononcé; il fallait pour être écouté emprunter un pareil langage, c'était à cette seule condition qu'il était permis d'espérer quelque succès pour les propositions justes au fond.

Cette fois, Boissy d'Anglas remporta la victoire; le comte Decazes lui annonça que le roi avait, dans son conseil du 11 février, accordé à Rabaut-Pomier l'autorisation de rentrer dans ses foyers « par sursis indéfini à l'exécution de l'article 7 de la loi de 1816 ». Il ajoutait :

Au nombre des considérations qui militaient en sa faveur, et au premier rang desquelles votre intervention a dû être placée, il en est une qui se rattache plus particulièrement à la position de M. Rabaud Pomier sous le rapport religieux, et qui sera sans doute appréciée par tous ceux des sujets de S. M. qui professent le même culte que lui : la noble conduite des divers consistoires dans de graves circonstances, garantit assez que le bienfait de S. M. sur un des membres de celui de Paris sera senti par tous les autres[1].

---

1. Lettre du comte Decazes, du 13 février 1818. Archives nationales, F⁷, 6715.

La monarchie cherchait à faire oublier aux protestants les tristes journées de la Terreur blanche, elle voulait effacer le souvenir des massacres de Nîmes et de la partialité de ses fonctionnaires qui, dans plusieurs villes du Midi, étaient, pour ainsi dire, devenus les complices de l'émeute.

Boissy d'Anglas accepta avec reconnaissance les engagements du roi en faveur des huguenots, il en prit acte et répondit au ministre en ces termes :

Paris, le 13 février 1818.

Monsieur le Comte[1],

Les protestants de France méritent en général d'être placés parmi les plus fidèles sujets du roi. Leur histoire depuis plus d'un siècle en fournirait une preuve irrécusable. Ils aiment aujourd'hui à reconnaître et à révérer dans Louis XVIII, non seulement le successeur mais encor l'égal en bonté de cet Henri IV, pour lequel ils combattirent si longtemps et qu'ils contribuèrent si puissamment à placer sur le trône, maintenant l'heureux et éternel apanage de son auguste race. Mais, Monsieur le comte, ceux d'entre eux qui connaîtront tous les motifs qui ont déterminé Sa Majesté à rappeler en France l'un des ministres de leur culte qu'ils estimaient le plus, verront avec une bien vive reconnaissance cette attention personnelle du roi qui, lui, sait saisir avec tant de bienveillance les occasions de leur manifester son intérêt et sa bonté. Permettez-moi d'être à cet égard l'interprète de leur gratitude; je serais bien heureux si Son Excellence avait assez de confiance en moi pour regarder ce que j'ai l'honneur de lui attester à cet égard comme un témoignage de bons sentiments, et si elle daignait exprimer au roi leur respectueuse et profonde reconnaissance en me considérant comme leur organe, elle ajouterait infiniment à ce bonheur si elle voulait mettre en même temps à ses pieds l'humble expression de celle de M. Rabaut Pomier et de moi et de notre constante et inébranlable fidélité.

Daignez, etc.

Comte Boissy d'Anglas.

En même temps il annonçait à Rabaut la bonne nouvelle et lui faisait connaître que le duc de Richelieu avait donné ordre au ministre de Berlin de lui délivrer un passe-port[2].

1. Archives nationales, F⁷, 6715.
2. Lettres de Boissy d'Anglas à Rabaut des 12 et 18 février 1818. — Collection Coquerel, t. XXX, pièces 54 et 57. B. P.

Rabaut se mit aussitôt en route et vint se fixer à Paris, son ancienne paroisse. Le Consistoire lui conféra le titre de pasteur émérite avec droit d'assister aux séances et vota en même temps des remerciements à Boissy d'Anglas pour sa bienfaisante intervention. L'Église réformée de Paris exprima, de son côté, à Louis XVIII, l'expression de la vive satisfaction qu'elle éprouvait du bienfait de Sa Majesté, ajoutant « que cette faveur rendait à sa patrie un bon citoyen, au roi, « un fidèle sujet, aux Églises de France, un ancien pasteur « digne par ses talents, ses services et ses vertus de l'affection « et de l'estime de tous les gens de bien [1] ».

Rabaut ne jouit pas longtemps du repos qu'il avait si bien mérité ; sa santé avait été ébranlée par les rigueurs et les chagrins de l'exil. Dix-huit mois après son retour en France, le 16 mars 1820, il fut enlevé à l'affection de ses paroissiens.

Ses obsèques furent célébrées avec une grande solennité aux frais du consistoire et sa dépouille mortelle repose aujourd'hui au cimetière du Père-Lachaise. Sur sa tombe sont gravées ses dernières paroles : « *Je sais en qui j'ai cru.* »

Il nous a semblé intéressant et utile de rappeler ces quelques traits de la vie de ce bon citoyen qui servit avec désintéressement et avec courage son pays et son Église.

Connaissant mieux Rabaut-Pomier, nous lui accorderons le rang auquel il a droit parmi les confesseurs de notre foi.

Après l'examen attentif des documents publiés ici pour la première fois, tous les hommes impartiaux tomberont d'accord pour flétrir des ministres qui ont consenti pendant un instant à dénaturer le sens et la portée d'un vote pour frapper injustement un pasteur protestant et donner satisfaction à des haines implacables qui n'ont point encore aujourd'hui complètement désarmé.

1. Consultez : Registre des délibérations du Consistoire de Paris. Séance du 6 mars 1818. — Archives de l'Oratoire.

4321. — L.-Imprimeries réunies, 8, rue Mignon, 2. — May et Motteroz, directeurs.

9 782012 829497